BIBLE
STORIES FOR CHILDREN IN
ITALIAN

www.RaisingBilingualChildren.com

LA STORIA DELLA CREAZIONE

The Story of Creation

Genesi 1

Molto tempo fa, il mondo non aveva forma ed era vuoto. "Sia la luce." Il Signore parlò e fu luce. Questa è la prima di tutte le cose che il Signore ha creato per il mondo. Poi separò la luce dalle tenebre e scoprì che era buona.

Il secondo giorno creò l'orizzonte e chiamò l'azzurro sopra l'acqua, il cielo. Il terzo giorno, il Signore creò le diverse forme di terra e di acqua: le valli, le montagne e le colline, insieme agli oceani, ai laghi e ai fiumi. Sulla terra mise tutti i bei fiori, piante e alberi! Il quarto giorno, Dio decise di disegnare il cielo e collocò il Sole,

Genesis 1

A very long time ago, the world had no form and was empty. "Let there be light." The Lord spoke, and there was light. This is the first of all the things that the Lord created for the world. Then, He separated the light from darkness.

On the second day, He created the horizon and called the blueness above the water, the sky. On the third day, the Lord created the different forms of land and water- the valleys, mountain, and hills, along with the oceans, lakes, and rivers. On the land, He placed all the pretty flowers, plants, and trees! On the fourth day,

la luna e le stelle che brillano di notte, e il mondo era bello, ma non c'erano ancora creature viventi nel mondo. Così, il quinto giorno, Dio fece delle creature perché abitassero nel mare, nel cielo e sulla terra. Il sesto giorno, Dio decise di creare un animale che si prendesse cura di tutte le creature e del mondo che aveva creato.

Dio ha creato gli esseri umani a immagine di sé e ha dato loro la vita. Questi erano Adamo ed Eva. Infine, il settimo giorno, Dio decise che tutto era perfetto e dichiarò che il settimo giorno fosse un giorno di riposo.

LEZIONE:
Il Signore è pieno di potenza e creatività. Ha creato il mondo e ha deciso che è bello e perfetto, dove tutto funziona insieme. Ecco perché dobbiamo prenderci cura di questo mondo meraviglioso che il Signore ha creato.

God decided to create the sky and placed the Sun, the moon, and the stars that sparkle at night, and the world was beautiful, but there were still no creatures living in the world. So, on the fifth day, God made creatures to live in the sea, in the sky, and on land. On the sixth day, God decided to create an animal to take care of all the creatures, and the world that He had made.

God made humans in the image of himself and breathed life into them. This was Adam and Eve. Finally, on the seventh day, God decided that everything was perfect, and declared the seventh day to be a day of rest.

LESSON:
The Lord is full of power and creativity. He created the world and decided that it is beautiful and perfect, where everything works together. That's why we have to take care of this wonderful world that the Lord has created.

ADAMO ED EVA

Adam and Eve

Genesi 2-3

Dio creò Adamo ed Eva e li amò così tanto che li mise in un giardino dove c'era ogni sorta di alberi e piante che davano frutti deliziosi ed erano bellissimi. Dio disse loro che potevano mangiare tutti i frutti degli alberi del giardino, tranne uno. Non dovevano mangiare il frutto dell'albero della conoscenza del bene e del male che si trovava al centro del giardino.

Un giorno, c'era un animale intelligente e astuto, chiamato serpente, che ingannò Eva facendole mangiare il frutto dell'albero. Eva mangiò il frutto e ne condivise un po' con Adamo. Allora i loro occhi si aprirono su tutte le cose buone e cattive. Adamo ed Eva si vergognarono di aver disobbedito a Dio e si nascosero dal Signore. Dio scoprì ciò che avevano fatto e ne fu deluso e triste. A causa di ciò che avevano fatto, il Signore dovette punire il serpente, Adamo ed Eva.

LEZIONE:
Il Signore vuole solo il meglio per noi. Per questo dobbiamo ascoltare e obbedire a ciò che Dio dice. Se non lo facciamo, ci vergogneremo e deluderemo il Signore, e di conseguenza saremo puniti.

Genesis 2-3

God created Adam and Eve and loved them so much that He placed them in a garden where all sorts of trees and plants that bore delicious fruit and were beautiful were placed. God told them that they may eat any of the fruits from the trees in the garden except for one. They must not eat the fruit of the tree of the knowledge of good and evil in the middle of the garden.

One day, there was a clever and cunning animal called a serpent, that tricked Eve into eating the fruit from the tree. Eve ate the fruit and shared some with Adam. Then, their eyes were opened to all things good and evil. Adam and Eve were ashamed that they disobeyed God, so they hid from the Lord. God found out about what they had done and was disappointed and sad. Because of what they had done, the Lord had to punish the serpent, Adam, and Eve.

LESSON:
The Lord only wants what is best for us. That's why we should listen and obey to what God says. If we do not, we will become ashamed and disappoint the Lord, and then, we will be punished.

5

6

LA TORRE DI BABELE

The Tower of Babel

Genesi 11

Dopo il grande diluvio durato 40 giorni e 40 notti, Noè e la sua famiglia si stabilirono in un luogo chiamato Babilonia.

Qui a Babilonia, dopo anni e anni, generazione dopo generazione, il popolo crebbe di numero proprio come voleva Dio. Tuttavia, l'orgoglio del popolo cresceva e desiderava essere di più, essere all'altezza di Dio. Così, decisero di costruire una torre così alta da raggiungere il cielo e Dio.

Durante questo periodo, tutti parlavano la stessa lingua e si capivano completamente. Per punire il loro ego e la loro arroganza, Dio li divise facendoli parlare lingue diverse. Per questo motivo, non riuscirono a completare la torre e si dispersero sulla terra.

LEZIONE:
Dobbiamo trattare il Signore con rispetto e non essere presuntuosi.

Genesis 11

After the big flood that rained for 40 days and 40 nights, Noah and his family settled in a place called Babylon.

Here in Babylon, after years and years, generation after generation, the people grew in numbers just as God wanted. However, the people's pride grew, and they wanted more - to be God's equal. So, they decided to build a tower so high that it would reach Heaven and God.

During that time, everyone spoke the same language, and understood one another completely. To punish their ego and arrogance, God divided them by making them speak different languages. Because of this, they could not complete the tower and became scattered throughout the earth.

LESSON:
We should treat the Lord with respect and not be prideful.

LA STORIA DI MOSÈ

The Story of Moses

Esodo 2-13

Un giorno, mentre Mosè si occupava delle sue pecore, il Signore gli apparve sotto forma di un cespuglio ardente. Dal cespuglio ardente, il Signore parlò e ordinò a Mosè di consegnare un messaggio per lui. Mosè doveva andare in Egitto e dire al Faraone di liberare gli ebrei.

Mosè aveva paura di eseguire il comando del Signore perché era un uomo semplice. Non credeva nelle sue capacità e dubitava di se stesso. Tuttavia, il Signore gli mostrò un piccolo miracolo: quando Mosè gettò a terra il suo bastone, questo divenne un serpente! Ma quando lo raccolse di nuovo, tornò ad essere un bastone. Il Signore promise a Mosè che sarebbe stato con lui e che avrebbe compiuto miracoli per aiutare Mosè a convincere il Faraone.

Con fede, Mosè andò in Egitto e riuscì a liberare gli Ebrei. Il Signore inviò anche dieci piaghe all'Egitto come avvertimento. Dio diede anche i Dieci Comandamenti a Mosè mentre guidava il suo popolo attraverso il deserto.

LEZIONE:
Il Signore è fedele alle sue promesse e alle sue decisioni. Se crede che possiate farlo e vi chiama a farlo, significa che siete capaci e che non dovete dubitare di voi stessi. Credete e abbiate fede e sarete in grado di spostare le montagne.

Exodus 2-13

One day, while Moses was tending to his sheep, the Lord appeared to him in the form of a burning bush. From the burning bush, the Lord spoke and commanded Moses to deliver a message for Him. Moses had to go to Egypt and tell the Pharaoh to set the Hebrews free.

Moses was afraid to do the Lord's command because he was just a simple man. He did not believe in his abilities and doubted himself. However, the Lord showed him a small miracle, when Moses threw his staff to the ground, it became a serpent! But once he picked it up again, it turned back into a staff. The Lord promised Moses that He would be with him and perform miracles to help Moses convince the Pharaoh.

With faith, Moses went to Egypt and succeeded in freeing the Hebrews. The Lord even sent ten plagues to Egypt as a warning. God also gave the Ten Commandments to Moses as he was leading his people through the desert.

LESSON:
The Lord is faithful towards His promises and decisions. If He believes that you can do it and calls upon you to do it, then, that means that you are capable and that you should not doubt yourself. Believe and have faith, and you will be able to move mountains.

9

NOÈ E L'ARCA

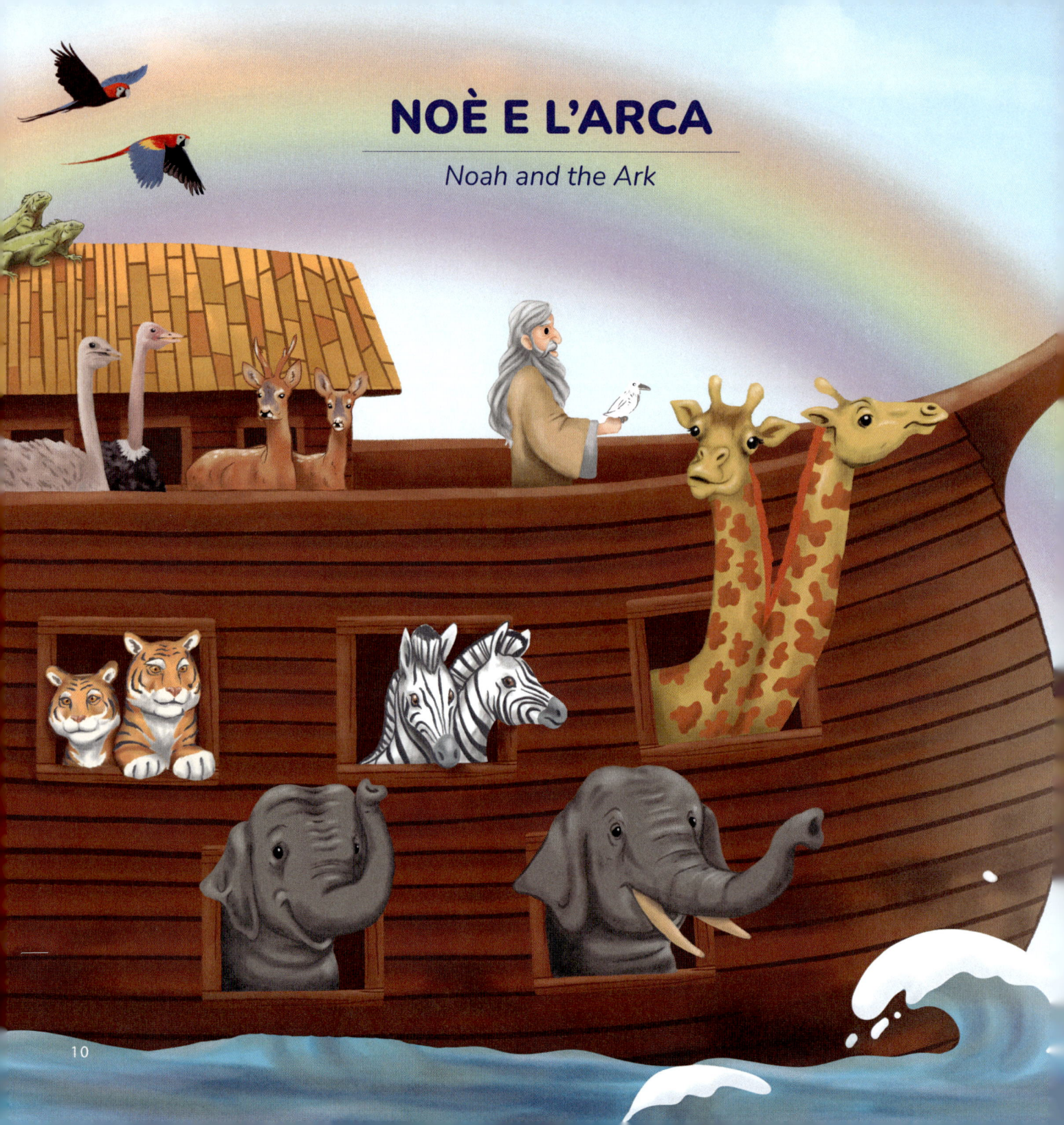

Noah and the Ark

Genesi 6-9

Molto tempo fa, c'era un uomo di nome Noah. Ora, Noè aveva una moglie e tre figli che si chiamavano Sem, Cam e Iafet. Ciascuno dei suoi figli aveva una moglie, quindi ce n'erano otto in famiglia.

Un giorno Dio venne da Noè e gli disse di costruire un'arca. L'arca era una nave davvero enorme. Dio disse di farla alta tre piani e di mettervi delle stanze per Noè, la sua famiglia, gli animali e per il loro cibo. Dio aveva incaricato Noè di assicurarsi che l'acqua non potesse entrare nell'arca perché stava per mandare un grande diluvio. Ci volle molto tempo per costruire l'arca a causa delle sue dimensioni, ma dopo molti anni di sforzi fu completata.

Ora, Dio disse a Noè di portare nell'arca degli animali, un paio di alcuni animali, un maschio e una femmina. Mentre per altri animali e uccelli, Dio disse a Noè di portarne sette di ogni specie. Per 40 giorni e 40 notti piovve. Mentre Noè e la sua famiglia aspettavano sull'arca, Noè mandò una colomba a cercare terra, ma non riuscì a trovarla! Dopo una settimana, Noè mandò di nuovo fuori la colomba, ma questa volta tornò con una foglia d'ulivo fresca.

Poi, quando finalmente giunsero all'asciutto, Noè uscì dall'arca con gli animali che aveva portato con sé, e il Signore mostrò a Noè un arcobaleno. L'arcobaleno era la promessa di Dio a Noè che non avrebbe mai più inondato la terra in quel modo.

LEZIONE:
Anche se alcune cose non hanno senso, non preoccuparti. Il Signore è fedele e giusto e sa che ciò che ti chiede è solo per il tuo bene. Confida nel Signore e, proprio come Noè, sarai a bordo della tua stessa arca, lontano dal pericolo.

Genesis 6-9

A very long time ago, there was a man named Noah. He had a wife and three sons who were named Shem, Ham, and Japheth. Each of his sons had a wife, and so there were eight of them in the family.

One day, God came to Noah and told him to build an ark. The ark was a really huge ship. God said to make it three floors high and to put rooms in it for Noah, his family, the animals, and for their food. God had instructed Noah to make sure that no water would be able to enter the ark because He was going to send a great flood. It took a long time to build the ark because of its size, but after many years of effort, it was completed.

Now, God told Noah to bring animals into the ark, a pair of some animals, a male and a female. While for other animals and birds, God told Noah to bring seven of each kind. For 40 days and 40 nights, it rained. While Noah and his family waited on the ark, Noah sent out a dove to look for land, but it could not find any! After a week had passed, Noah once again sent the dove out, but this time, it came back with a fresh olive leaf.

Then, when they finally came across dry land, Noah came out of the ark along with the animals that he brought with him, and the Lord showed Noah a rainbow. The rainbow was God's promise to Noah that He would never flood the earth like that again.

LESSON:
Even if some things do not make sense, do not worry. The Lord is faithful and just, and He knows that what He is asking of you is only for your own good. Trust in the Lord, and just like Noah, you will be aboard your own ark, away from danger.

DAVIDE E GOLIA

David and Goliath

1 Samuel 17

C'era un re in Israele chiamato re Saul. Il re Saul era un uomo orgoglioso e arrogante che aveva peccato contro Dio. Poiché aveva peccato contro il Signore, il Signore lo respinse come re. Allora il Signore chiese al suo servo Samuele di trovare un altro uomo che diventasse re d'Israele. Samuele obbedì al Signore e un giorno si imbatté nella casa di un uomo di nome Iesse che aveva otto figli.

Iesse mostrò a Samuele sette dei suoi figli. Sette figli che avevano forza e capacità. Il Signore non aveva scelto un re tra i sette, così Samuele chiese a Iesse se avesse altri figli, finché alla fine fu mostrato a Samuele Davide. Il figlio più giovane di Iesse, Davide, era solo un umile pastore e non un guerriero. Ma grazie alla fede di Davide, il Signore scelse di consacrarlo come futuro re d'Israele.

In quel periodo ci fu una grande guerra tra i Filistei e gli Israeliti. Tra i Filistei c'era un potente gigante di nome Golia. Golia sfidava tutti gli israeliani che volevano provare a sconfiggerlo, ma nessuno ci riusciva e molti avevano paura.

Un giorno Davide sentì i suoi fratelli parlare della sfida di Golia. Davide era sicuro di sé e disse al re Saul che avrebbe combattuto contro Golia. Davide non aveva alcuna esperienza di combattimento, ma il re Saul accettò di fargli accettare la sfida. A Davide furono date armature e armi. Tuttavia, poiché Davide non era abituato a indossare un'armatura, decise di indossare i suoi soliti vestiti e una fionda. Grazie alla sua fede nel Signore, Davide scelse solo una pietra da usare

1 Samuel 17

There used to be a king in Israel named King Saul. King Saul was a prideful and arrogant man who sinned against God. Because he had sinned against the Lord, the Lord rejected him as king. Then, the Lord asked his servant Samuel to find another man to become the king of Israel. Samuel obeyed the Lord and one day, stumbled upon the home of a man named Jesse who fathered eight sons.

Jesse showed Samuel, seven of his sons. Seven sons who had strength and ability. The Lord had not chosen a king among the seven, so, Samuel asked Jesse if he had any other sons, until finally, David was shown to Samuel. Jesse's youngest son, David, was just a humble shepherd, and not a warrior. But because David's faith, the Lord chose to anoint him as the future king of Israel.

During this time, there was a huge war between the Philistines and the Israelites. Among the Philistines, there was a mighty giant named Goliath. Goliath challenged anyone from Israel to try and defeat him, However, none succeeded, and even more were afraid.

One day, David overheard his brothers talking about Goliath's challenge. David was confident in himself, and so he told King Saul that he would fight Goliath. David had no experience fighting, but King Saul agreed to let him take the challenge. David was given armor and weapons. However, because David was not used to wearing armor, he decided to wear his usual clothes and also took his slingshot. With his faith in the Lord, David, chose only one stone to use with his

con la sua fionda. Davide colpì Golia alla testa e Golia fu sconfitto all'istante. Quando i Filistei videro che il loro campione era morto, cercarono di scappare, ma era troppo tardi. L'esercito di Israele aveva riportato la vittoria e catturato i Filistei.

LEZIONE:
Anche se vediamo altre persone con muscoli d'acciaio e la forza di dieci uomini, il Signore vede la forza di una persona in base al suo cuore. Grazie alla fede di Davide, egli riuscì a sconfiggere Golia con una sola pietra. Finché avremo fede, saremo in grado di sconfiggere anche i Golia della nostra vita.

slingshot. David hit Goliath in the head, and Goliath was defeated instantly. When the Philistines heard that their champion was gone, they tried to run away, but it was too late. The army of Israel had claimed their victory and captured the Philistines.

LESSON:
Even though we see other people having muscles of steel, and the strength of ten men, the Lord sees the strength of a person based on their heart. Because of David's faith, he was able to defeat Goliath with just one stone. As long as we have faith, we will also be able to defeat the Goliaths in our lives.

DANIEL NELLA TANA DEL LEONE

Daniel in the Lion's Den

Daniel 6

A Gerusalemme c'era un re di nome Darius. Darius aveva molti consiglieri, e uno di loro si chiamava Daniel. Daniel era un uomo molto onesto e laborioso, che credeva in Dio e seguiva gli ordini del Signore. Agli altri consiglieri non piaceva Daniel, così organizzarono un piano per sbarazzarsi di lui. Consigliarono al re Darius di emanare una nuova legge che permettesse solo l'adorazione del re e che chiunque non avesse obbedito sarebbe stato gettato e dato in pasto ai leoni.

Il re Darius ascoltò il loro consiglio e mise in atto la legge. Daniel capì cosa significava questa legge, ma continuò a essere fedele al Signore e a pregare tre volte al giorno con le finestre aperte perché tutti potessero vederlo. Quando gli altri consiglieri se ne accorsero, lo portarono davanti al re Darius e il re ne fu sconvolto perché aveva favorito Daniel. Tuttavia, il re sapeva di non poter cambiare la legge, così mise Daniel nella fossa dei leoni. La tana fu sigillata con una grande pietra. Ma il re Darius era così preoccupato per Daniel che non riuscì a dormire.

Il mattino seguente, quando il re si svegliò, corse subito alla tana e chiamò Daniel. Invece di sentire il ruggito del leone, sentì la voce di Daniel. Daniel disse al re: "Dio mi ha salvato mandando un angelo. L'angelo ha chiuso la bocca dei leoni e così i leoni non mi hanno fatto alcun male!". Il re Darius accolse felicemente Daniel e punì i cattivi consiglieri per averlo ingannato. Il re pose fine alla legge e decise di insegnare al suo regno la potenza e la bontà di Dio.

LEZIONE:
Se rimaniamo fedeli al Signore, il Signore rimarrà fedele in noi. Non perdetevi d'animo quando le cose sembrano andare contro di voi. Il Signore non viene meno alle sue promesse e vi salverà dagli abissi della disperazione e del pericolo.

Daniel 6

There used to be a king in Jerusalem named Darius. Darius had many advisors, and one of them was named Daniel. Daniel was a very honest and hardworking man who believed in God and followed the Lord's commands. The other advisors did not like Daniel, so they set up a plan to get rid of him. They advised King Darius to make a new law that only allowed worship of the king, and whoever did not obey would be thrown and fed to the lions.

King Darius listened to their advice and put the law in place. Daniel understood what this law meant, however, he continued being faithful to the Lord and prayed three times a day with his windows open for everyone to see. When the other advisers saw this, they brought him to King Darius, and the king was devastated because he favored Daniel. Nevertheless, the king knew he could not change the law, so he placed Daniel in the lion's den. The den was sealed with a big stone. But King Darius was so worried about Daniel that he could not sleep.

The next morning, when the king woke up, he quickly ran to the den and called out for Daniel. Instead of hearing the lion's roar, he heard Daniel's voice. Daniel told the King, "God saved me by sending an angel. The angel shut the mouths of the lions and so the lions did not hurt me at all!" King Darius happily took Daniel in and punished the evil advisers for tricking him. The king ended the law and decided to teach his kingdom about God's power and goodness.

LESSON:
If we remain faithful to the Lord, the Lord will remain faithful in us. Do not lose heart when things seem to go against you. The Lord does not break his promises, and He will save you from the depths of despair and danger.

LA REGINA ESTER
Queen Esther

Ester 2-4

Nella terra di Persia c'era un re di nome Serse. Il re Serse governava su molte terre, comprese quelle degli Ebrei. Ora, il re Serse cercava una moglie e davanti a lui c'erano molte belle donne. Una di queste era una donna molto bella di nome Ester. Il re Serse ed Ester alla fine si innamorarono e si sposarono, trasformando Ester in regina. Tuttavia, Ester aveva un segreto. In realtà era un'ebrea!

I re persiani erano visti come divinità e per questo motivo il re Serse non vedeva di buon occhio gli ebrei. Mardocheo, il padre adottivo di Ester, informò la regina Ester che il braccio destro del re, Haman, voleva uccidere tutti gli ebrei, così chiese l'aiuto di Ester per salvarli. La regina Ester aveva paura che il re le facesse del male se avesse conosciuto le sue vere origini, ma accettò comunque il rischio e preparò un banchetto. Ester chiese umilmente al re Serse di risparmiare il suo popolo e il re accettò di buon grado. Grazie al rischio della regina Ester, gli ebrei furono salvati e Haman fu punito.

LEZIONE:
Grazie al coraggio di Ester, Dio si servì di lei per salvare gli ebrei. La storia di Ester ci insegna ad essere coraggiosi. Anche se le cose sembrano essere molto spaventose e pericolose, quando combattete per ciò che è giusto, il Signore sarà con voi, soprattutto quando gli chiederete aiuto.

Esther 2-4

In the land of Persia, there was a king named Xerxes. King Xerxes ruled over many lands including the lands of the Hebrews. Now, King Xerxes was searching for a wife, and set before him, were many fine women. One of them was a very beautiful woman named Esther. King Xerxes and Esther eventually fell in love and married, turning Esther into the Queen. However, Esther had a secret. She was actually a Hebrew!

Persian Kings were seen as Gods, and because of this, King Xerxes disliked the Hebrews. Mordecai, Esther's adopted father, informed Queen Esther that the King's right-hand man, Haman, wanted to kill all the Hebrews, so he asked for Esther's help to save them. Queen Esther was scared that the king would hurt her if he knew her true roots, but she took the risk anyway and prepared a feast. Esther humbly asked King Xerxes to spare her people, and the king gladly agreed. Because of Queen Esther's risk, the Hebrews were saved and Haman was punished.

LESSON:
Because of Esther's courage God used her to save the Jews. Esther's story teaches us to be brave. Even if things seem to be very scary and dangerous, when you fight for what is right, then the Lord will be with you, especially when you ask Him for help.

17

18

LA NASCITA DI GESÙ CRISTO

The Birth of Jesus Christ

Matteo 1 e Luca 2

In una città chiamata Nazareth, c'era una donna di nome Maria. Maria era innocente e pura e adorava il Signore. Stava per sposare un uomo di nome Giuseppe.

Un giorno, un angelo del Signore di nome Gabriele venne a informare Maria e Giuseppe che Maria era stata scelta per dare alla luce il figlio di Dio. Essi accettarono la chiamata di Maria e si recarono a Betlemme.

Tuttavia, quando arrivarono a Betlemme, non c'erano stanze o rifugi disponibili, così non ebbero altra scelta che alloggiare in una stalla dove Maria ebbe Gesù.

Lo pose su una mangiatoia come letto. Proprio come era stato profetizzato, il Salvatore nacque a Betlemme da una vergine.

LEZIONE:
Questo fu l'umile inizio di Gesù, il figlio di Dio e il Figlio dell'uomo. Gesù non nacque in una casa lussuosa con un bel letto o una morbida coperta, ma nacque in una stalla e fu posto su una mangiatoia. Tutte le promesse di Dio si realizzeranno, proprio come le profezie sulla nascita di Gesù.

Matthew 1 and Luke 2

In a town called Nazareth, there was a woman named Mary. Mary was innocent and pure, and she adored the Lord. She was about to marry a man named Joseph.

One day, an angel of the Lord named Gabriel came to inform Mary and Joseph that Mary had been chosen to bear the son of God. They accepted Mary's calling and proceeded to go to Bethlehem.

However, when they reached Bethlehem, there were no rooms or lodges that were available, so they had no choice but to stay in a stable where Mary had Jesus.

She placed him on a manger as his bed. Just as it was prophesized, the Savior was born in Bethlehem from a virgin.

LESSON:
This was the humble beginning of Jesus, the son of God, and the Son of Man. Jesus wasn't born in a luxurious house with a beautiful bed or a soft blanket, but He was born at a stable and was set on a manger. All of God's promises will be fulfilled just as the prophecies of Jesus' birth came to pass.

LA STORIA DI GIOVANNI BATTISTA

The Story of John the Baptist

Luca 3

C'era un'anziana donna di nome Elisabetta che, sebbene fosse molto insolito, rimase incinta alla sua età avanzata e divenne la madre di Giovanni Battista. Un angelo del Signore si presentò davanti a suo marito, Zaccaria. L'angelo disse a Zaccaria che Giovanni sarebbe stato benedetto con lo Spirito Santo fin dal momento della nascita e che avrebbe portato il nome di "Giovanni".

Elisabetta e Zaccaria obbedirono al Signore e fecero come aveva detto loro l'angelo. Giovanni crebbe predicando, insegnando e battezzando le persone e, con lo Spirito Santo in lui, insegnò al popolo a pentirsi dei propri peccati.

Un giorno, Gesù andò da Giovanni e chiese di essere battezzato. Fu allora che la luce di Dio brillò su Gesù sotto forma di colomba e risuonò: "Questo è il mio figlio, che io amo".

LEZIONE:
Quando obbediamo e seguiamo i comandi del Signore, troviamo una gioia e uno scopo autentici.

Luke 3

There was an old woman named Elizabeth, and although it was very unusual, she became pregnant at her old age and became the mother of John the Baptist. An angel of the Lord came to her husband, Zechariah. The angel told Zechariah that John would be blessed with the Holy Spirit from the moment he is born, and was to bear the name "John".

Elizabeth and Zechariah obeyed the Lord and did as the angel told them. John grew up to preach, teach, and baptize people, and with the Holy Spirit in him, he taught the people about repenting from their sins.

One day, Jesus went to John and asked to be baptized. This is when the light of God shined upon Jesus in the form of a dove and echoed "This is My son, whom I love."

LESSON:
When we obey and follow the Lord's commands, we will find genuine joy and purpose. Just like the life of John, our lives have a greater and deeper meaning and purpose that only the Lord can show us.

21

GESÙ SFAMA 5000 PERSONE

Jesus Feeds 5000

Giovanni 6

Un giorno, mentre Gesù e i suoi discepoli si stavano recando in un luogo tranquillo per riposare, furono seguiti a piedi da una grande folla. Gesù vide le persone e ne ebbe compassione.

Vedendo che erano stanchi e affamati, Gesù mandò i suoi discepoli a cercare del cibo nelle vicinanze e questi tornarono con 2 pesci e 5 pani. Gesù rese grazie per il cibo e lo alzò verso il cielo. Lo benedisse e lo diede ai discepoli perché lo distribuissero alla folla.

Dai 5 pani e dai due pesci tutti poterono mangiare e ci furono avanzi sufficienti per riempire dodici ceste. Fu così che Gesù riuscì a sfamare 5000 persone.

LEZIONE:
Questo dimostra la potenza e l'amore che il Signore ha per il suo popolo. Se siamo disposti a lasciare a Gesù i nostri progetti e le nostre preoccupazioni, per quanto piccole, Egli sarà in grado di compiere un miracolo.

Mark 6

One day, as Jesus and his disciples were on their way to a quiet place to get some rest, they were followed on foot by a large crowd. Jesus saw the people and had compassion towards them.

Jesus saw that they were tired and hungry, so he sent his disciples to look for food nearby, and they returned with 2 fish, and 5 loaves of bread. Jesus gave thanks for the food and lifted it up to Heaven. He blessed it and gave it to the disciples to give out to the crowd.

From the 5 loaves of bread and two fish, everyone was able to eat and there were leftovers enough to fill twelve baskets. This was how Jesus was able to feed 5000 people.

LESSON:
This shows the power and the love that the Lord has for His people. If we are willing to lay down our plans and worries to Jesus, no matter how little, He will be able to perform a miracle.

GESÙ GUARISCE UN UOMO CIECO

Jesus Heals the Blind Man

Giovanni 9

Un giorno, mentre Gesù e i suoi discepoli erano in viaggio, si imbatterono in un uomo cieco dalla nascita.

Gesù spiegò che Dio aveva permesso che quell'uomo fosse cieco come dimostrazione delle opere di Dio.

Gesù guarì l'uomo strofinandogli del fango negli occhi. Quando l'uomo si lavò gli occhi, poté finalmente vedere.

LEZIONE:
Dio è in grado di guarire. Gesù ha guarito il cieco come dimostrazione del potere di guarigione di Dio. Gesù è la luce del mondo. Mentre era vivo sulla terra, ha compiuto le opere del Padre suo che lo ha mandato.

John 9

As Jesus and his disciples were travelling one day, they came across a man who was blind since birth.

Jesus explained that God allowed this man to be blind as a demonstration of the works of God.

Jesus healed the man by rubbing mud into the man's eyes. When the man washed his eyes, he was finally able to see.

LESSON:
God is able to heal. Jesus healed the blind man as a demonstration of God's healing power. Jesus is the light of the world. While he was alive on the earth he did the works of His Father who sent him.

25

LA STORIA DELLA PECORA SMARRITA

The Story of the Lost Sheep

Luca 15

In Israele, c'era un gruppo di persone chiamate farisei, che erano molto esperti della parola di Dio. Tuttavia, ai farisei non piaceva che Gesù mangiasse con i peccatori e permettesse loro di seguirlo.

Così, Gesù condivise una parabola per aiutare i farisei a capire il perché. Gesù chiese loro: "Se un pastore perdesse una pecora su cento, sarebbe giusto lasciare le altre pecore per cercare quella mancante? Un pastore sa che le 99 pecore sarebbero in grado di sopravvivere insieme senza l'aiuto del pastore per un po', ma una singola pecora non può sopravvivere da sola.

Gesù ha detto che quando una pecora viene ritrovata o ritorna, il pastore fa festa. Allo stesso modo, l'amore di Dio per ciascuno di noi è così grande che Egli cercherà ciascuno di noi e si rallegrerà quando lo troveremo. È per questo che il cielo fa festa quando un peccatore si pente.

LEZIONE:
Come tutti sappiamo, tutti gli esseri umani peccano. Ma il Signore non ci ha mai abbandonato e non ci abbandonerà mai. Il suo amore copre tutti i nostri peccati e, finché ci pentiamo, possiamo tornare a casa da Lui in cielo, perché la grazia del Signore è su di noi.

Luke 15

In Israel, there was group of people called Pharisees, who were very knowledgeable about the word of God. However, the Pharisees did not like how Jesus would eat with sinners and even allow them to follow Him.

So, Jesus shared a certain parable to help the Pharisees understand why. Jesus asked them "If a shepherd lost one sheep out of a hundred, would it be fair to leave the other sheep to look for the missing one? A shepherd knows that the 99 sheep would be able to survive together without the help of the shepherd for a while, but a single sheep cannot survive on its own."

Jesus said that when a sheep is found or returns, the shepherd would celebrate. In the same way that God's love for each one of us is so great that He will search for each of us and rejoice when we are found. This is why the Heavens celebrate when a sinner repents.

LESSON:
As we all know; all humans perform sin. But the Lord has never, and will never abandon us. His love covers all our sins and as long as we repent, we can come home to Him in heaven, because the grace of the Lord is upon us.

LA CROCIFISSIONE E LA RESURREZIONE DI CRISTO

The Crucifixion and Resurrection of Christ

Matteo 27-28

Un giorno fatidico, i soldati portarono Gesù davanti a Ponzio Pilato, il governatore di allora. Questi chiese a Gesù: "Sei tu il re dei Giudei?", e Gesù rispose: "Sì, lo sono". Pilato ascoltò le lamentele del popolo, ma ritenne Gesù innocente. Lo comunicò ai capi dei sacerdoti, ai governanti e al popolo e disse loro che non aveva trovato alcun motivo per ucciderlo. Tuttavia, il popolo chiedeva con forza che Gesù fosse punito e, cedendo alle pressioni della gente, Pilato permise al popolo di ottenere ciò che voleva.

I soldati fecero indossare a Gesù un'antica veste regale e gli misero in testa una corona di spine, deridendolo perché si faceva chiamare re dei Giudei. Fecero portare a Gesù la croce sulle spalle fino in cima a una collina, dove lo inchiodarono alla croce e misero in testa un cartello con scritto "Gesù di Nazareth, re dei Giudei".
Dopo la morte di Gesù, misero il suo corpo in una tomba bloccata da una pietra molto grande. Tuttavia, tre giorni dopo, Maria Maddalena e Maria, la madre di Gesù, visitarono la sua tomba. Quel giorno si verificò un grande terremoto e videro che la pietra della tomba di Gesù non c'era più e i soldati erano svenuti.

Matthew 27, 33-56

One fateful day, the soldiers brought Jesus before Pontius Pilate, the governor at the time. He asked Jesus "Are you the king of the Jews?", and Jesus replied "Yes, I am". Pilate listened to the complaints of the people but found Jesus to be innocent. He told the chief priests, the rulers, and the people, and told them that he had found no reason to kill him. However, the people strongly demanded that Jesus be punished, and giving in to the pressure of the people, Pilate allowed the people to get what they wanted.

The soldiers made Jesus wear an old royal robe and placed on his head a crown of thorns and mocked him for calling himself the king of the Jews. They made Jesus carry the cross on his back all the way to the top of a hill where they nailed him to the cross and placed a sign at its head that read "Jesus of Nazareth, King of the Jews".

After Jesus died, they placed his body in a tomb that was blocked by a very big stone. However, three days later, Mary Magdalene and Mary, the mother of Jesus, visited his tomb. On that day, a great earthquake happened and they saw that the stone to the tomb of Jesus was gone, and the soldiers had fainted.

Un angelo venne da loro e diede loro la buona notizia che Gesù era risorto dai morti! Sulla via del ritorno, Gesù li incontrò e disse loro: "Non abbiate paura. Andate a dire ai miei fratelli in Galilea, là mi vedranno", e proprio come aveva promesso ai suoi discepoli, Gesù risuscitò dai morti il terzo giorno dopo la sua morte.

LEZIONE:
Il Signore è fedele alle sue promesse e alle sue parole. Dio infatti ha tanto amato il mondo da dare il suo unico e solo Figlio. Chiunque scelga di credere in Lui non sarà punito per il suo peccato, ma avrà la vita eterna.

An angel came to them and told them of the good news that Jesus had risen from the dead! On their way back, Jesus met them and told them "Do not be afraid. Go and tell my brothers to Galilee, there they will see me.", and just as Jesus promised to his disciples, he rose from the dead on the third day after his death.

LESSON:
The Lord is faithful to His promises and His words. For God loved the world so much, that He gave his one and only Son. Whoever chooses to believe in Him will not be punished for their sin, but will instead have everlasting life.

30

LA STORIA DELLA RIVELAZIONE

The Story of Revelation

Il Libro della Rivelazione

A uno degli apostoli di Gesù, di nome Giovanni, furono mostrate molte cose grandiose sul futuro. Gli furono mostrati molti segni e prodigi, sia spaventosi che meravigliosi. A Giovanni furono mostrati la Città Santa, gli angeli, il Nuovo Cielo e la Nuova Terra.

Il libro dell'Apocalisse descrive Gesù sia come un potente leone che come un agnello gentile, ucciso per i nostri peccati.

Dio promette che coloro che crederanno in Lui avranno il loro nome scritto in un libro speciale chiamato Libro della Vita dell'Agnello. Gesù Cristo tornerà e coloro il cui nome è scritto nel Libro della Vita trascorreranno l'eternità con Lui.

LEZIONE:
Questo libro ci ricorda che Gesù sta tornando e che dovremmo essere pronti per Lui. Dio ha un piano per il mondo e noi passeremo l'eternità con Lui se i nostri nomi saranno scritti nel Libro della Vita dell'Agnello.

The Book of Revelation

One of Jesus's apostles named John, was shown many great things about the future. He was shown many signs and wonders, both scary and wonderful. John was shown the Holy City, the angels, the New Heaven, and the New Earth.

The book of Revelation describes Jesus as both a mighty lion and a gentle lamb who was slain for our sins.

God promises that those who believe in Him will have their names written in a special book called the Lamb's Book of Life. Jesus Christ will return and those whose names are in the Book of Life will spend an eternity with Him.

LESSON:
This book reminds us that Jesus is coming back and we should be ready for Him. God has a plan for the world and we will get to spend eternity with Him if our names are written in the Lamb's Book of Life.

RAISING BILINGUAL CHILDREN

www.RaisingBilingualChildren.com

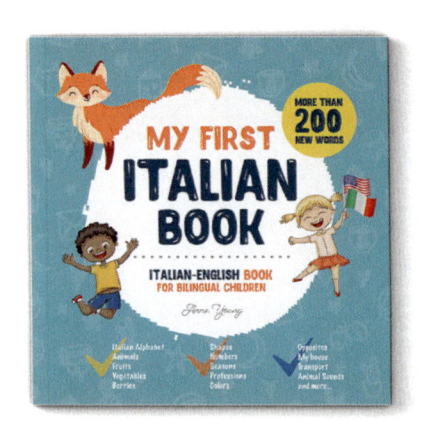

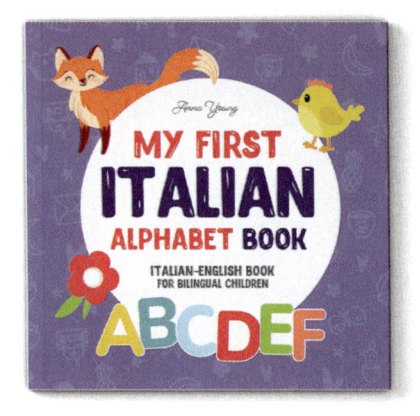

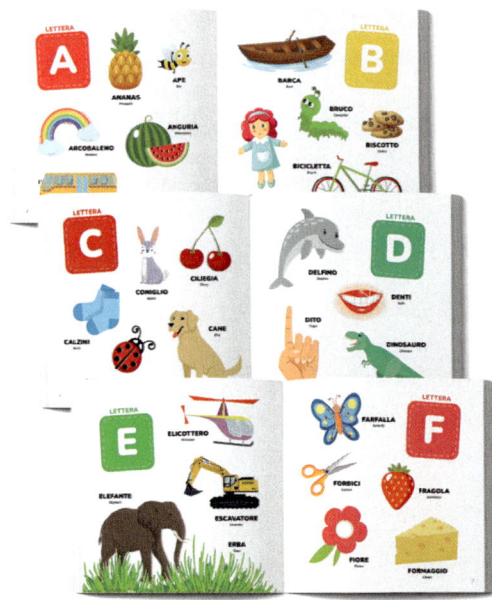

available on amazon

ITALIAN-ENGLISH BILINGUAL BOOK SERIES

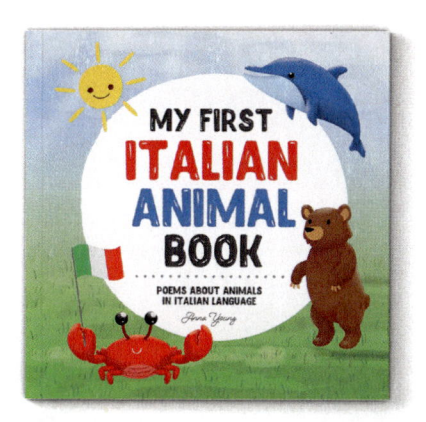

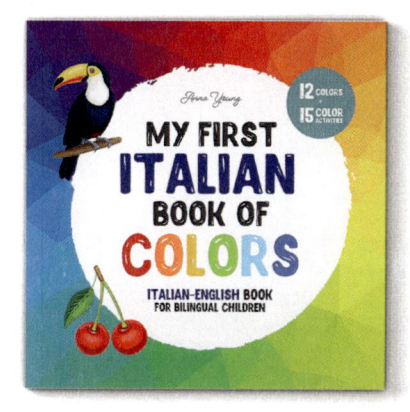

available on **amazon**

Thank you very much

It would be amazing if you wrote
an honest review on Amazon!
It means so much to us!

Questions?
Email us <u>hello@RaisingBilingualChildren.com</u>

Anna Young

→ www.RaisingBilingualChildren.com

Edition 1.0 - Updated on September 8, 2022

Made in the USA
Las Vegas, NV
09 April 2025